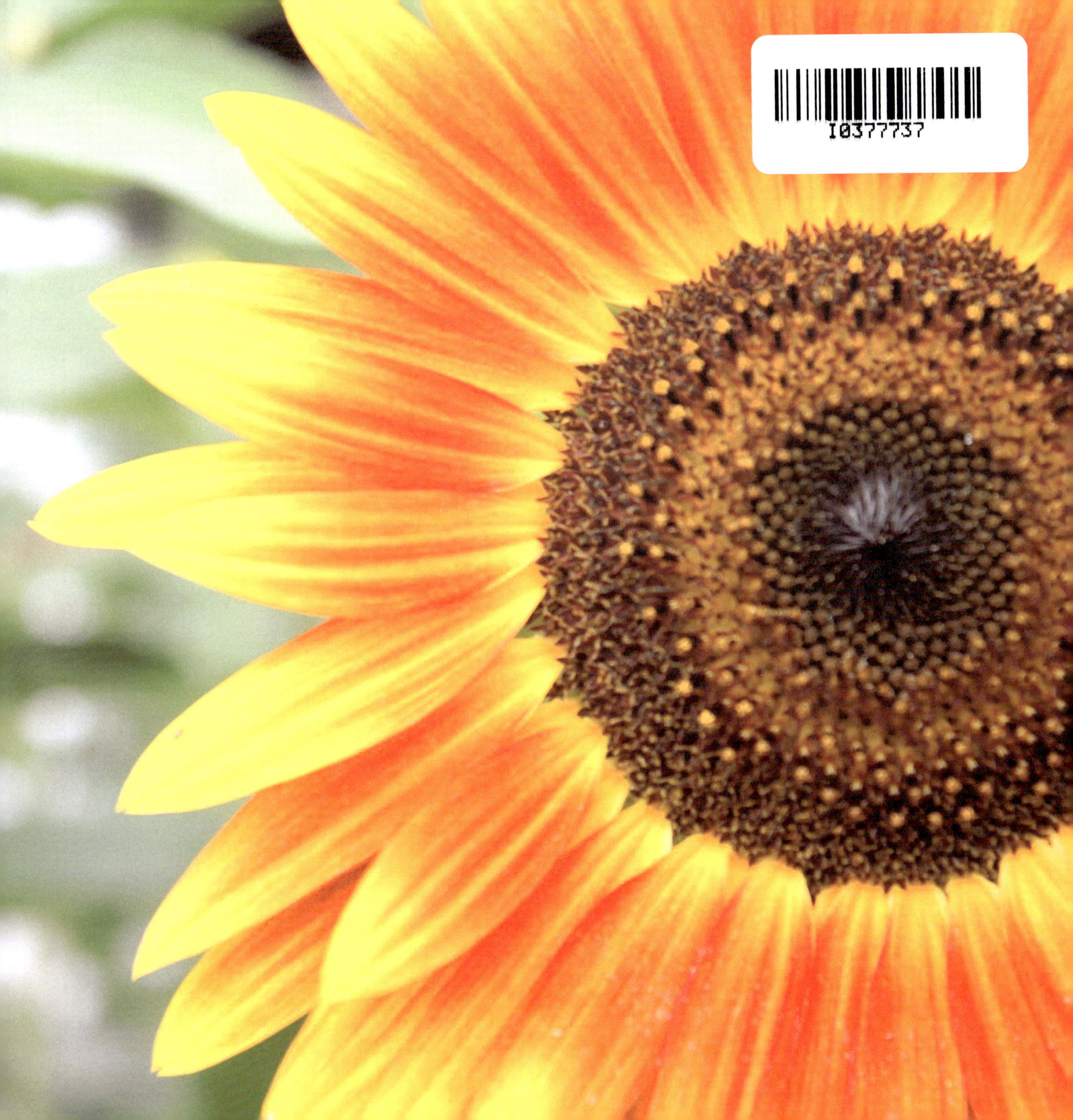

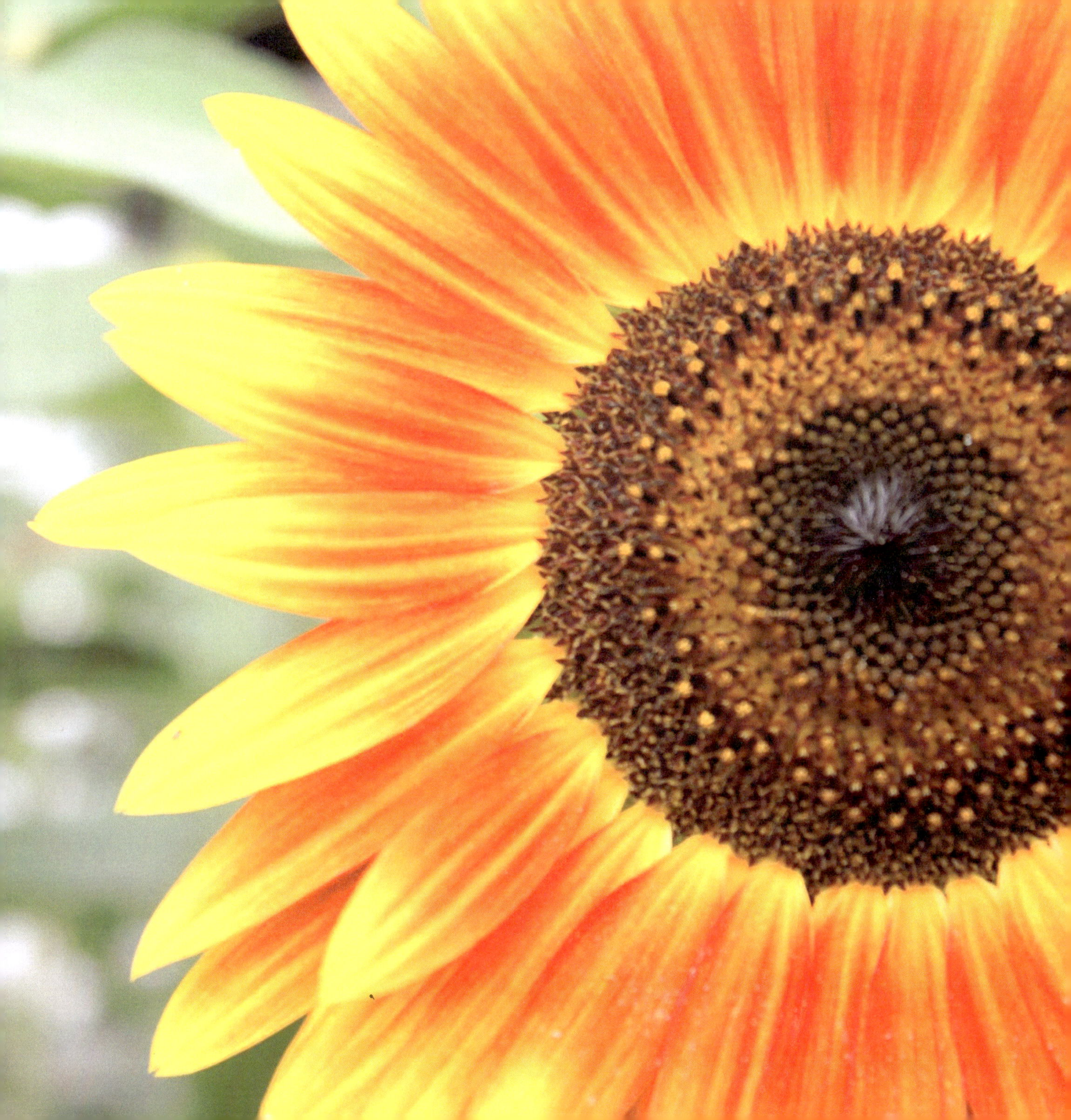

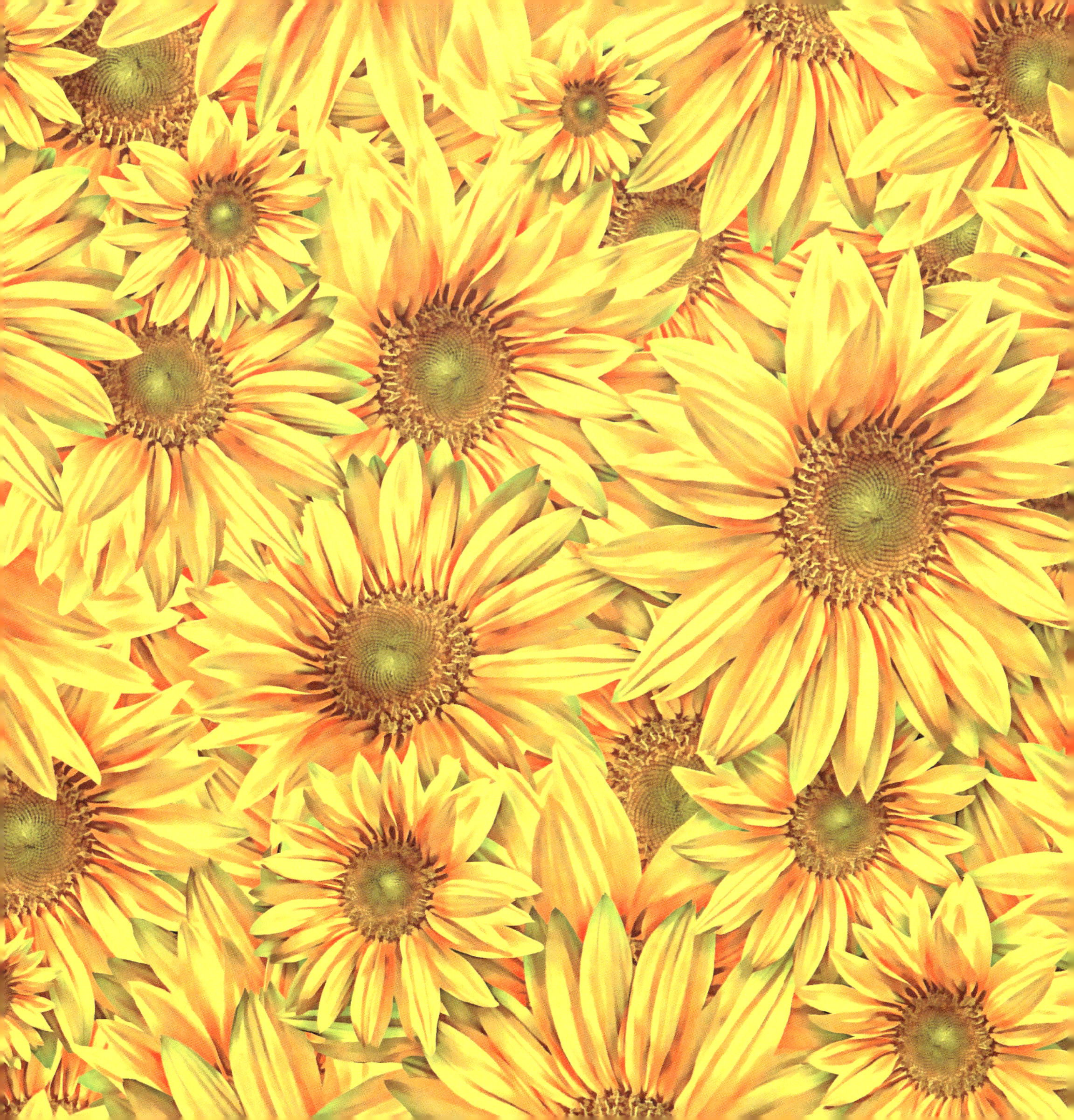

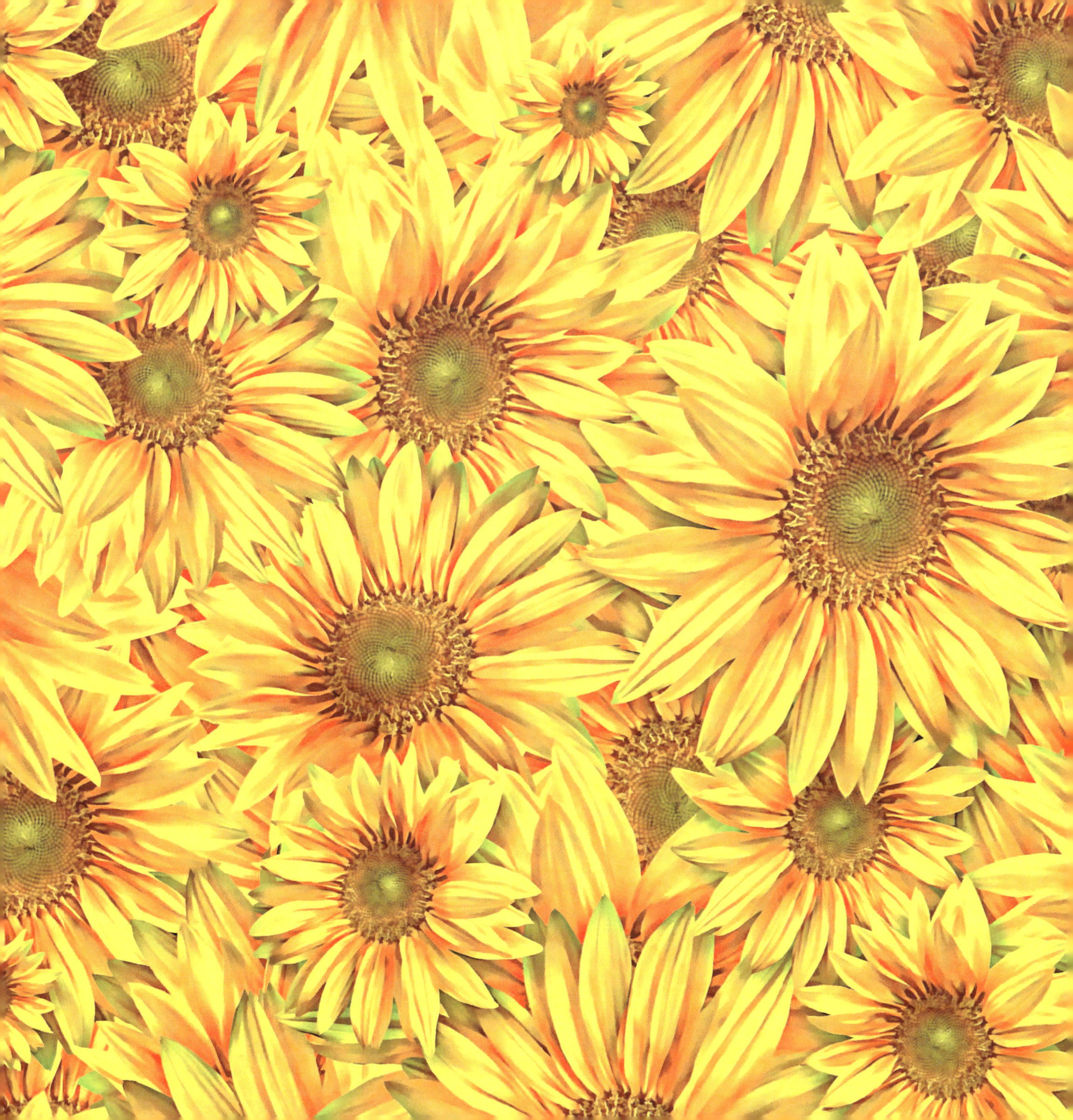

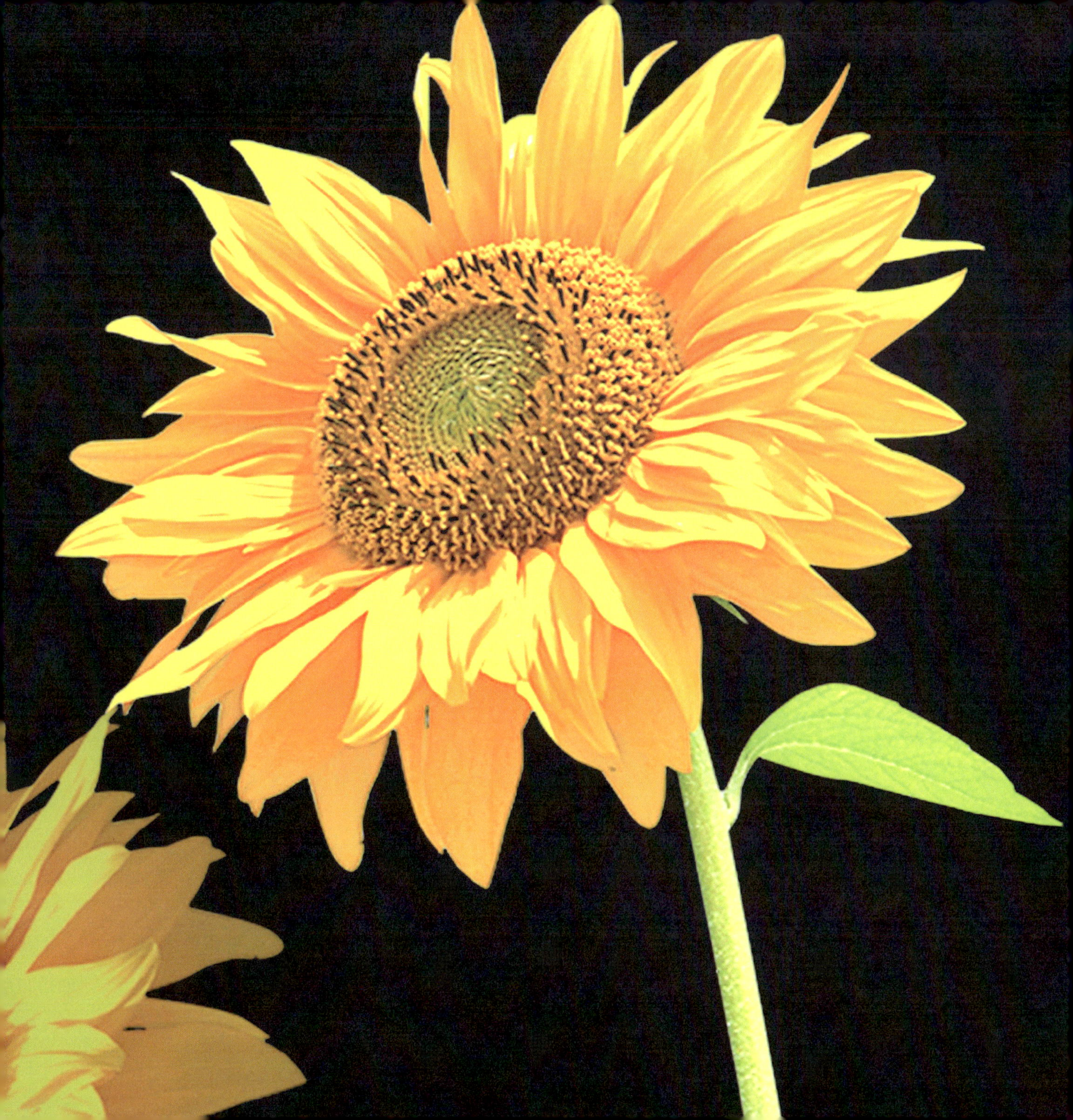

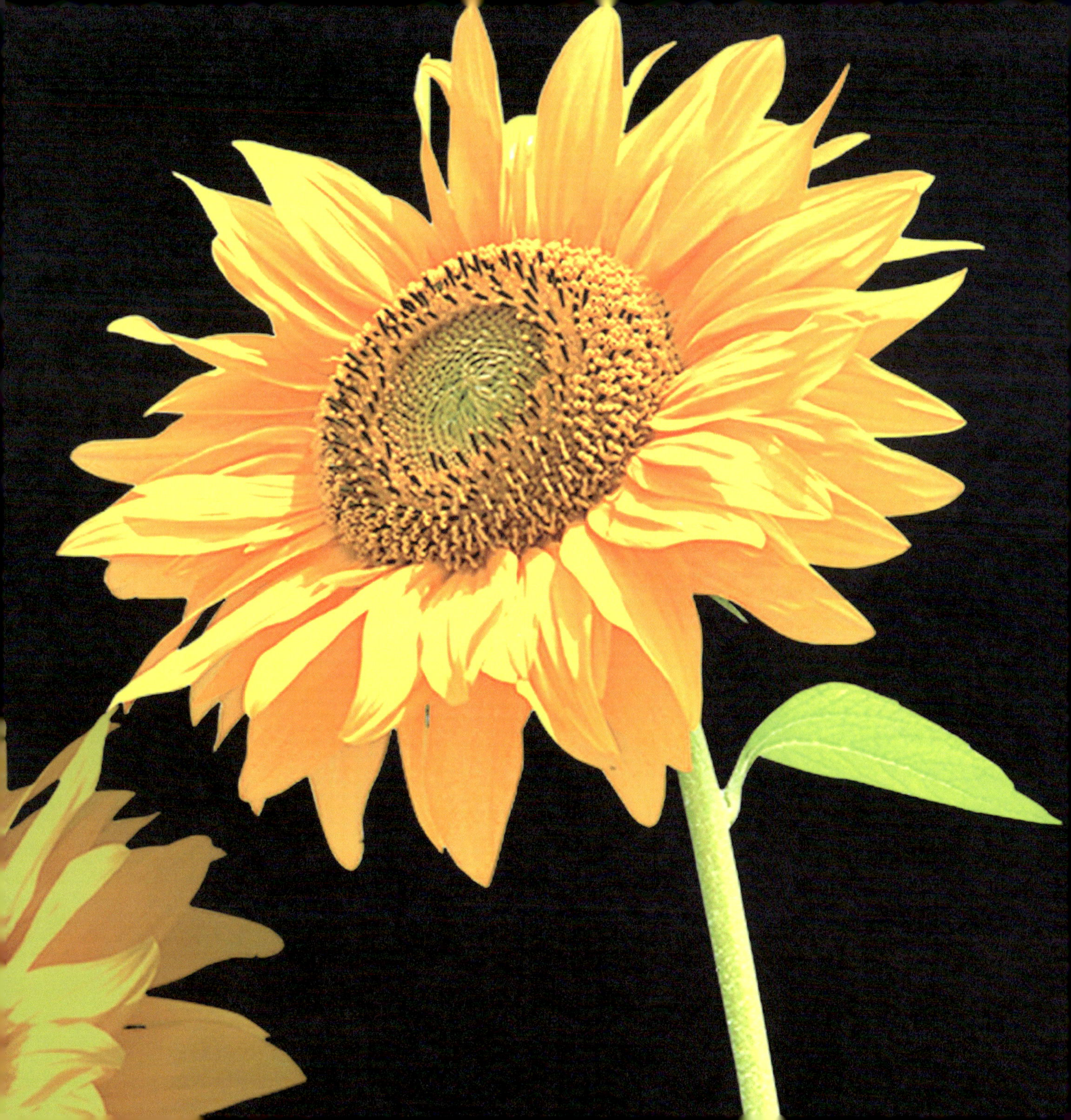

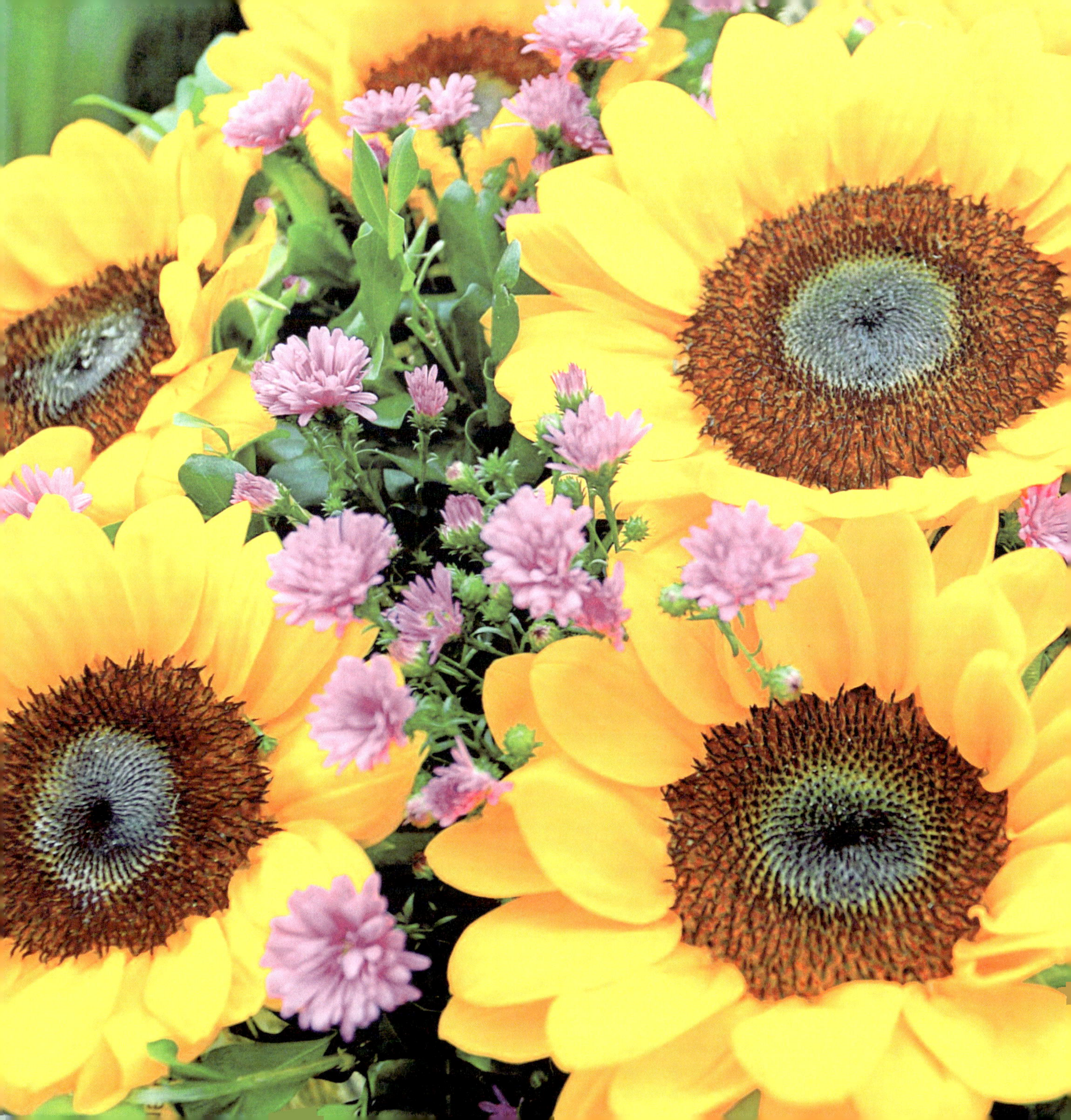

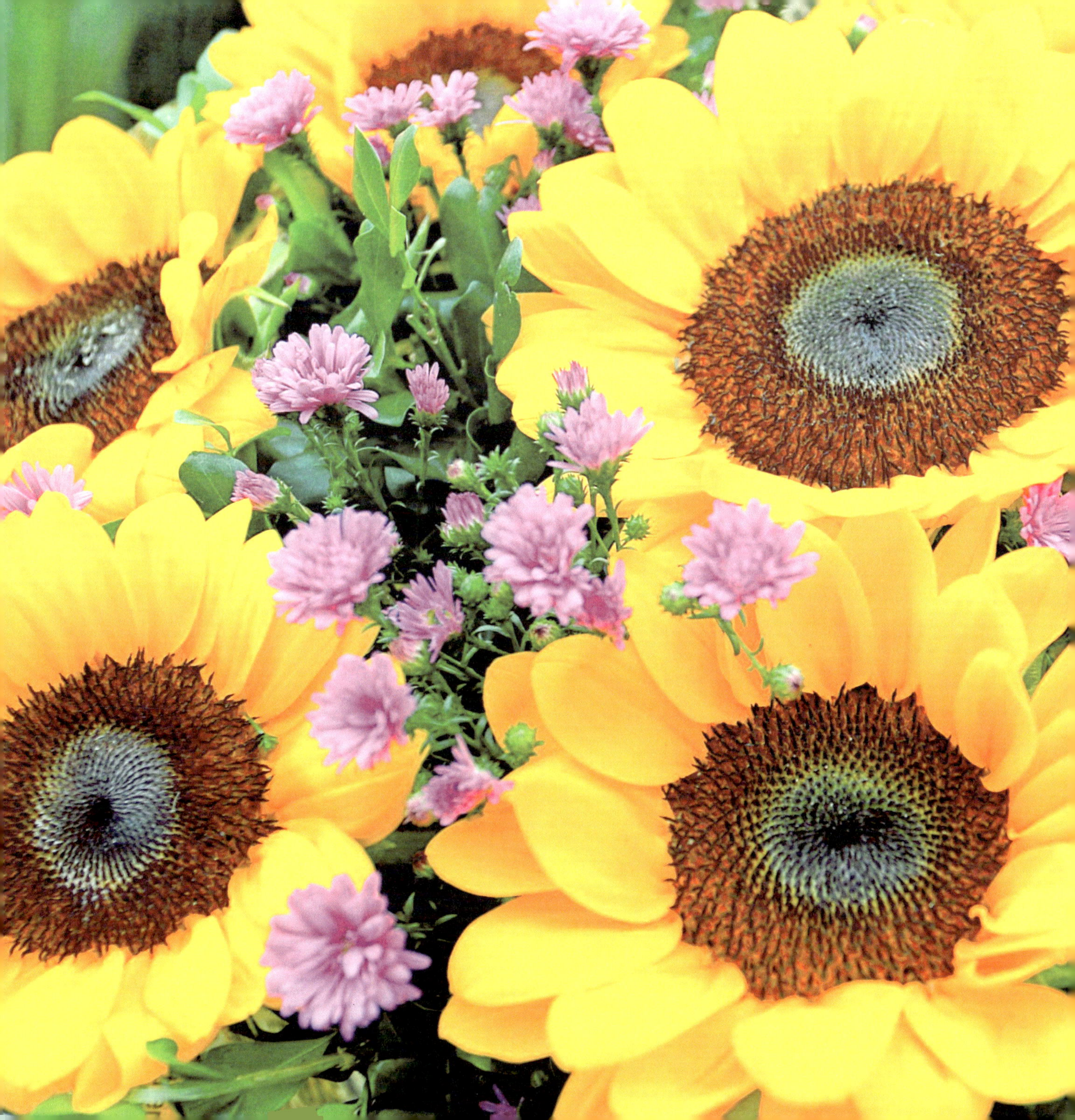

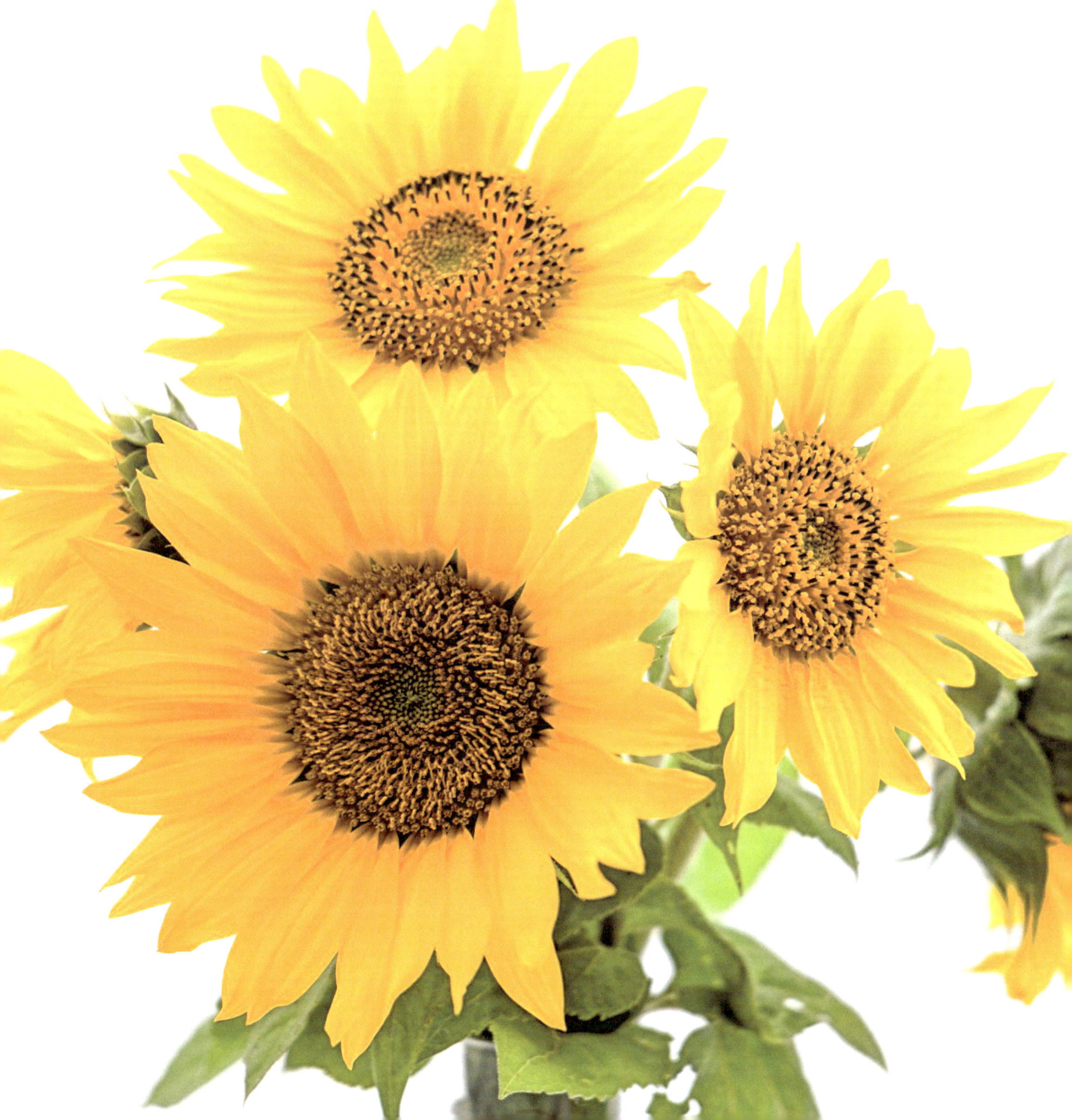

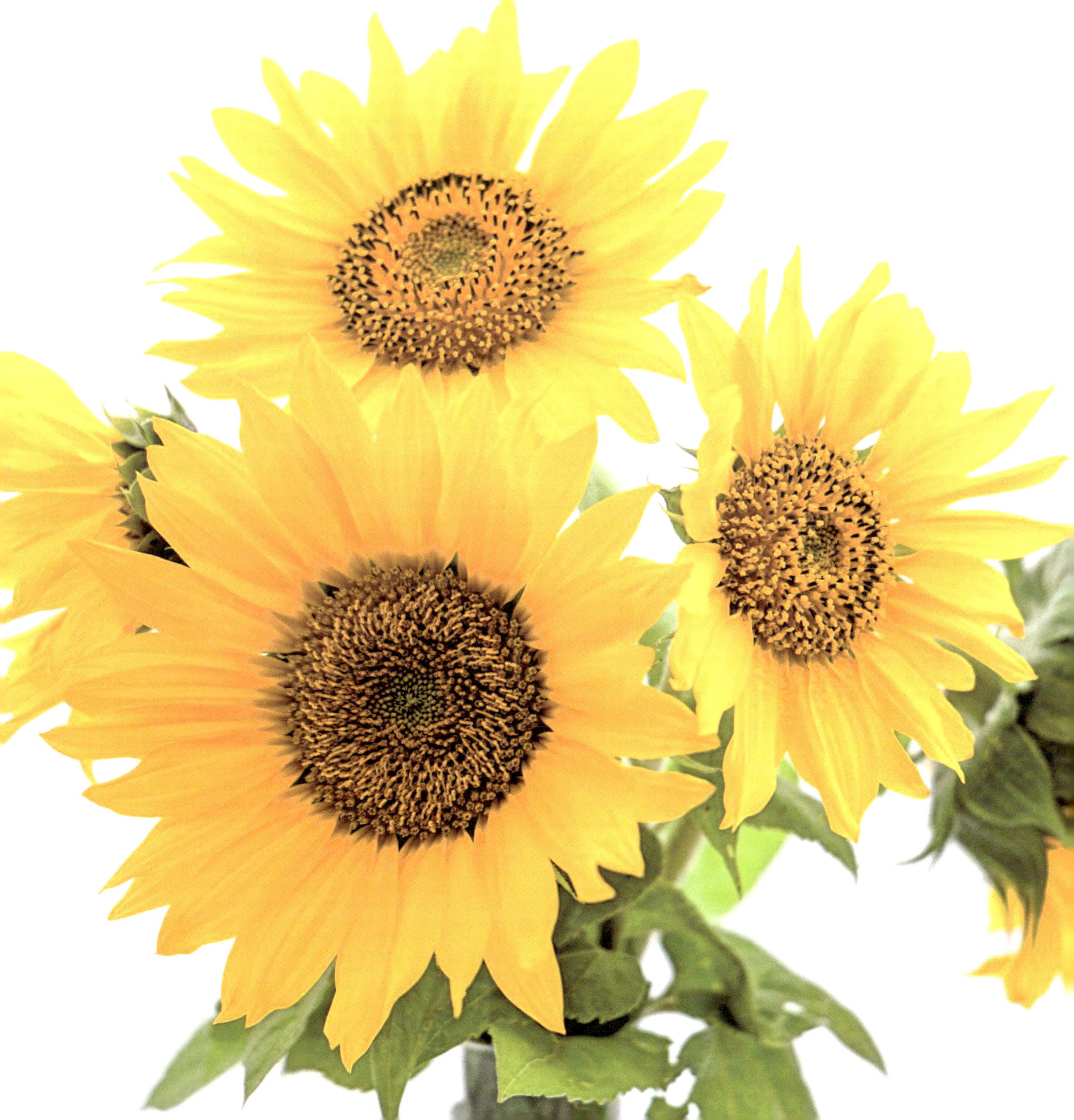

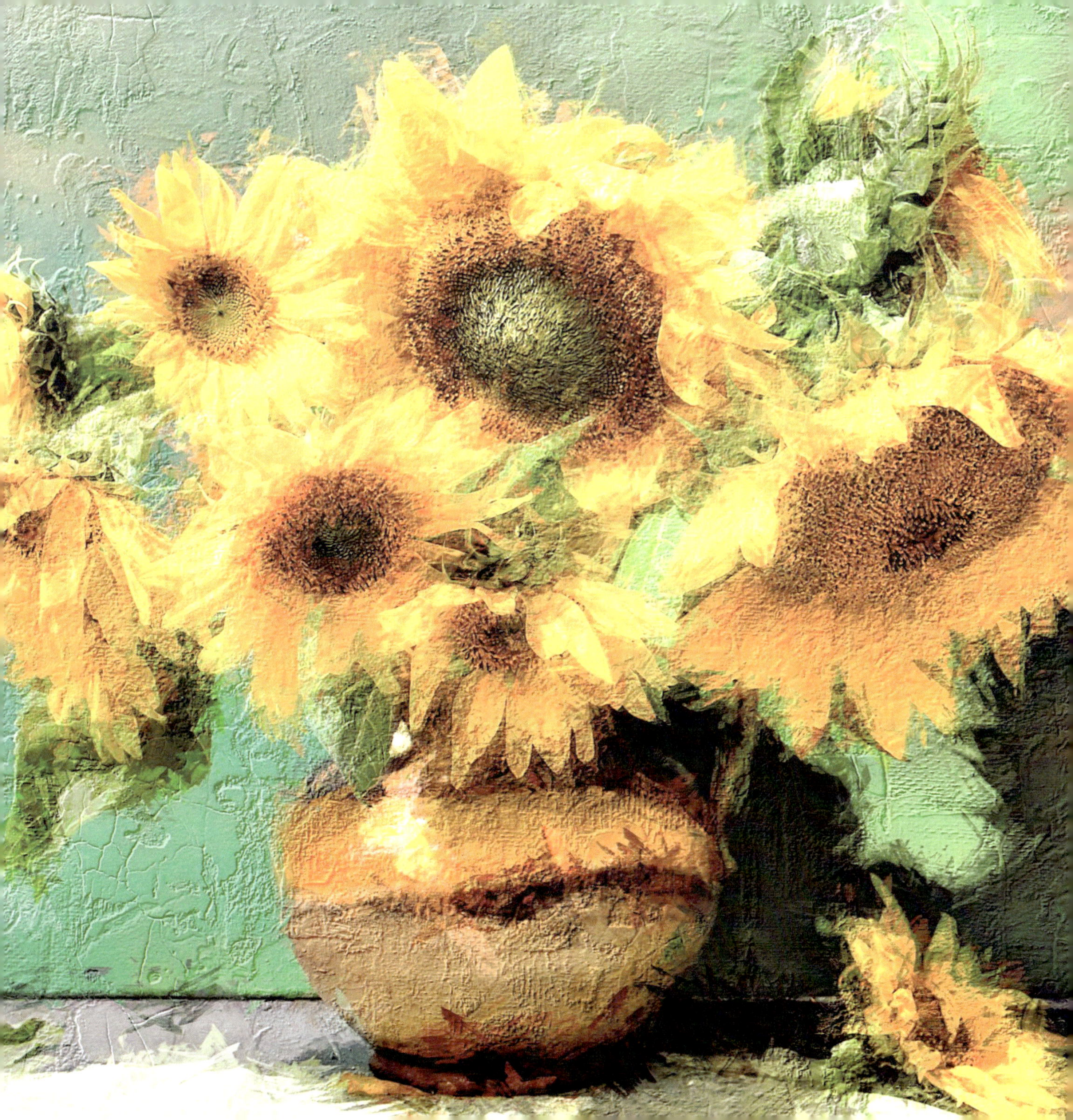

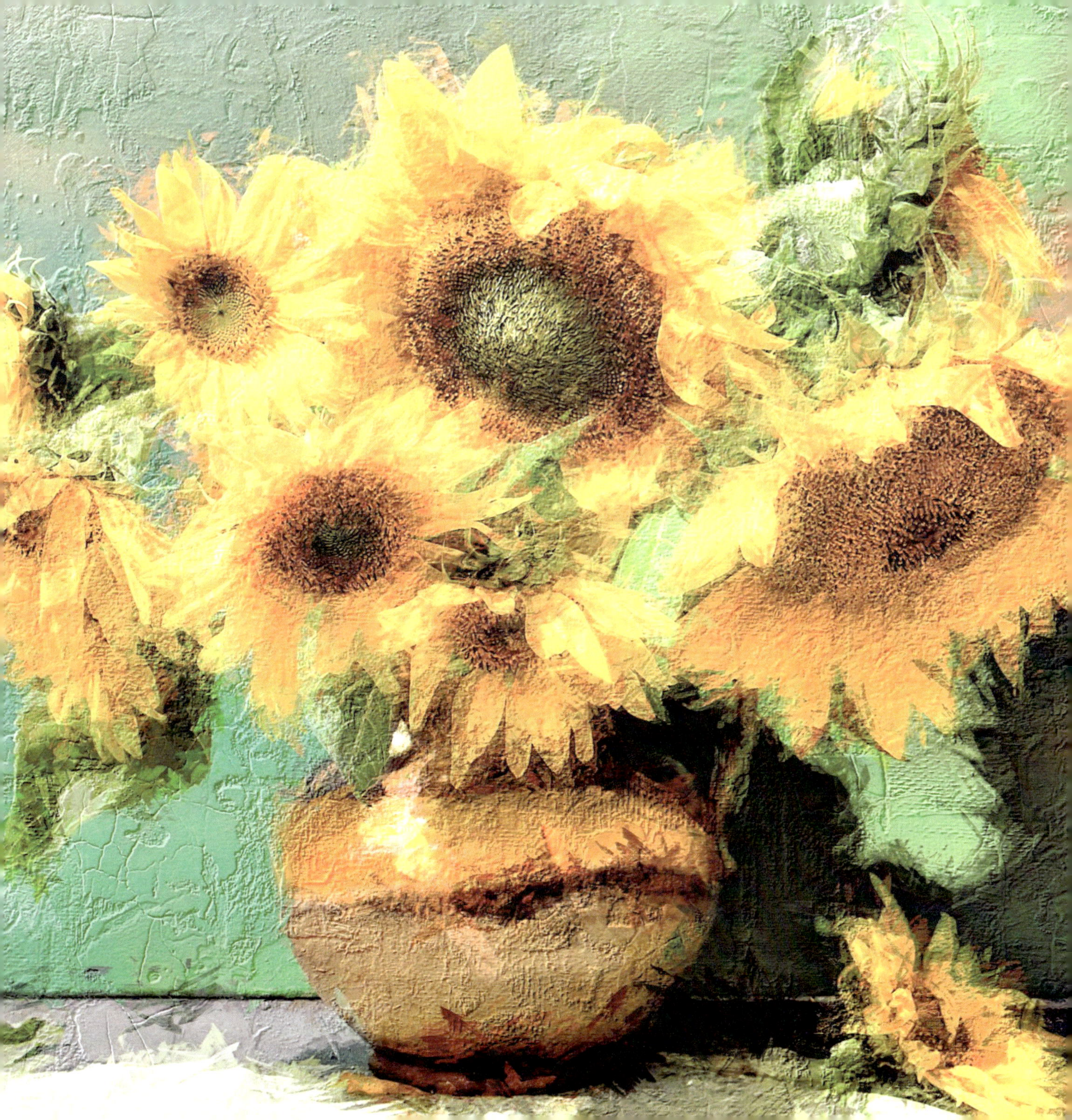

www.ingramcontent.com/pod-product-compliance
Lightning Source LLC
Chambersburg PA
CBRC090740080526
44579CB00016B/66

* 9 7 8 1 9 5 3 9 8 7 0 2 0 *